Hokkaido Vegetables

おいしい北海道やさい

Jun Kato・Sora

CONTENTS

農業王国北海道 ……………………………………………… 4

風 土 （農業の地域特性）
Central Hokkaido　道央 …………………………………… 6
South Hokkaido　　道南 …………………………………… 7
East Hokkaido　　　道東 …………………………………… 8
North Hokkaido　　道北 …………………………………… 9

気 候 （農業の四季）
Spring　　　春 ……………………………………………… 10
Summer　　夏 ……………………………………………… 11
Autumn　　秋 ……………………………………………… 12
Winter　　　冬 ……………………………………………… 13

農 業 （農業王国のトリビア）
Vegetables　　　野菜 ……………………………………… 14
Field Crops　　　畑作 ……………………………………… 15
Paddy Rice　　　稲作 ……………………………………… 16
Dairy Farming　　酪農 ……………………………………… 17

北海道やさい 20 品目

1	Asparagus	アスパラガス	20
2	Broccoli	ブロッコリー	22
3	Spinach	ほうれんそう	24
4	Chinese Chive	にら	26
5	Cabbage	キャベツ	28
6	Onion	たまねぎ	30
7	Lily Bulb	ゆりね	32
8	Tomato	トマト	34
9	Sweet Corn	スイートコーン	36
10	Squash	かぼちゃ	38
11	Radish	だいこん	40
12	Carrot	にんじん	42
13	Japanese Yam	ながいも	44
14	Burdock	ごぼう	46
15	Potato	じゃがいも	48
16	Soybean	だいず	50
17	Adzuki Bean	あずき	52
18	Rice	お米	54
19	Wheat	小麦	56
20	Milk	牛乳	58

キュンちゃん紹介

北海道観光 PR キャラクターキュンちゃん ……………… 60

おみやげキュンちゃん ……………………………………… 62

農業王国北海道

かつて「蝦夷地」と呼ばれていたこの大地が、
「北海道」と命名されてから150年の月日が流れました。
幾たびもの冷害に見舞われ、
畑の作物が壊滅的な打撃を受けても、
再び立ち上がり、
現在の農業王国を築きあげました。
北海道ではどのようなやさいが作られているのでしょうか。
北海道のやさいはどうしておいしいのでしょうか。
さあ、エゾナキウサギの「キュンちゃん」と一緒に、
おいしい北海道の旅に出かけましょう。

photo location: Mt. Yotei

Central Hokkaido ＜道央＞

札幌を中心とした道央地域は、
豊富な水源と比較的温暖な夏季の気象条件から、
北海道最大の稲作地帯となっています。
冬にはパウダースノーが積もり、
国際的なスキーリゾート地としても有名なニセコを擁する羊蹄山麓では、
じゃがいもを始めとする広大な畑作地帯も広がっています。

photo location: Onuma Quasi-National Park

South Hokkaido ＜道南＞

函館を中心とした道南地域では、
ビニールハウスなどの施設を利用した野菜の栽培がさかんです。
北海道では最も温暖な気候に恵まれているため、
様々な野菜が春早くから秋遅くまで、長期間にわたって作られています。
駒ヶ岳の麓、大沼国定公園があるこの地域は、明治の初めに、
日本で最初に西洋リンゴが栽培された場所としても知られています。

写真：東洋印刷株式会社

photo location : Tokachi Plain

East Hokkaido ＜ 道東 ＞

帯広を中心とした道東地域は、日本最大の畑作地帯となっています。
広大な十勝平野では、豆類の栽培が昔から盛んでした。
オホーツク海に面する地域では、どこまでも続く小麦畑が見られます。
太平洋側に位置する釧路から東の地域は、夏季の気候が冷涼なため、
大規模な牧草地が広がり、日本最大の酪農地帯となっています。

photo location: Cape Ogon along the Ororon line.

North Hokkaido ＜道北＞

旭川を中心とした道北地域は、南部と北部では様相が異なります。
南部ではお米や野菜の生産が行われており、そばの生産量は日本一です。
北部は広大な丘陵や湿原が続く冷涼な地域で、牧草地が広がっています。
北海道のてっぺん、稚内に至る海岸線を結ぶオロロンラインでは、
日本海に沈む夕日が旅情を誘います。

Spring ＜春＞

北海道の春は雪解けとともにやってきます。
あんなに雪深かった野原にも、新緑がまぶしく輝き始めます。
広大な畑作地帯の平野で、
春一番に現れる緑の絨毯は、秋まき小麦です。
前年の秋に畑に蒔きつけられた小麦は、厳しい冬を耐え抜き、
春の雪解けとともに活動を再開します。
その強い生命力で、再び生長を開始するのです。
遠くでカッコウの鳴き声が聞こえ始めたら、
豆の種まきも始まります。畑にはトラクターが土を起こす音が響き、
いよいよ大地に生命が踊り始めます。

Summer ＜夏＞

梅雨のない北海道では、さわやかな初夏を迎えます。

紫色のラベンダーの花が咲く頃、北海道の短い夏は本番を迎えます。

畑作地帯では小麦の収穫が始まり、大型のコンバインが昼夜を問わず畑を走り続けます。

野菜畑では夏の味覚が収穫期を迎えます。

ギラギラと照りつける太陽の暑さで、しおれそうになっていた野菜たちも、

夕闇の訪れとともに元気を取り戻します。

昼と夜の気温差が大きい北海道では、スイートコーン、メロン、スイカなど、

どれも飛び切りの甘さを蓄えることができるのです。

Autumn　＜秋＞

道ばたの雑草に白い霜が降りた朝、

昨日までの暑かった日々が突然、秋へと変わります。

北海道の秋は足早にやってきます。黄金色に輝く田んぼの稲穂、

畑ではジャガイモや豆が収穫され、豊穣の季節を迎えます。

今では珍しい光景となった秋の風物詩、ニオ積みされた豆の小山。

刈り取られた金時豆は、莢が茎に着いたままニオと呼ばれる小山に積まれ、

自然乾燥されます。収穫の秋に種まきが始まるのが、秋まき小麦です。

畑にまかれた小麦の種は、遠くの山々が白くなり始める頃に芽を出します。

Winter ＜冬＞

初雪の便りが聞かれると間もなく、長く厳しい北海道の冬が訪れます。

一夜にして、土色だった風景は、白銀の世界へと変わります。

真冬の厳しい寒さは、十勝川の河口に美しいジュエリーアイスを生み出します。

雪に覆われた真っ白な畑の中では、

春に掘り起こされるのを待つナガイモが眠っています。

雪の下で甘さを増す越冬キャベツもひそんでいます。

秋に種をまかれ小さく芽を出した小麦も、

雪の下で寒さに耐えながら頑張って生きています。

やがて訪れる、春の日差しを待ちわびながら。

Vegetables ＜野菜＞

北海道では、どんな野菜が多くつくられているの？

農業王国北海道では、数多くの野菜が栽培されています。
中でも、たまねぎ、かぼちゃ、スイートコーン、にんじん、アスパラガスなどは全国一の生産量があります。
これらの野菜は、広い土地を使って大規模に栽培されるため、北海道でたくさん作られているのです。最近では、寒い真冬の北海道でも、暖房を使わずにビニールハウスで栽培される野菜もあります。

Field Crops ＜畑作＞

豆類、じゃがいも、小麦、ビート（てん菜）の４作物のことを、
一般的には畑作物と呼びます。
十勝地方などの畑作地帯では、この４作物を毎年、違う畑に順番に植えていき、
同じ作物は同じ畑に４年に一度しか入らないようにしています。
これを輪作体系といいます。これにより、土を健康に保ち、
作物が病気にかかりにくくなるのです。

Paddy Rice ＜稲作＞

お米にはうるち米ともち米があります。
道央や道南の比較的暖かい地域では主にうるち米が、
道北などの気温が低めの地域では主にもち米が作られています。
うるち米の中には、家庭で食べている主食用米の他にも、
お酒の原料になる酒米や、冷凍米飯に加工される加工用米などもあります。
これらを合わせると、北海道では10種類（品種）以上のお米が作られています。

Dairy Farming ＜酪農＞

道東の酪農地帯では、人口よりも牛の数の方が多い町もあります。

北海道の牧場では、集団で寝そべる白黒の牛をよく見かけますね。

この白黒の牛、ホルスタインに代表される乳用牛は、

北海道では80万頭近くが飼われており、もちろん全国一です。

ホルスタインのように牛乳を生産するために飼育されている牛は乳用牛と

呼ばれますが、お乳を出すのはもちろんメスだけです。

葉っぱや茎を食べる葉茎菜類、

実った果実を食べる果菜類、

土の中の塊茎や根部を食べる根菜類など、

野菜にはいろいろな種類があります。

豆類にも、納豆、豆腐、煮豆に向くだいず、

こしあん、粒あんに向くあずきなど、

それぞれの用途によって使い分けられています。

お米や小麦にもいろいろな種類があり、

ご飯、お餅、お酒、それぞれに向くお米、

パン、麺、お菓子やケーキ、それぞれに向く小麦があります。

おいしい北海道の農産物には、

どのような秘密が隠されているのでしょうか。

Asparagus

〈 アスパラガス 〉

生長力が旺盛なアスパラガスには、
私たちの健康維持に役立つ成分もたっぷりと含まれています。
その名前からも分かるように、
アスパラガスにはアミノ酸の一種である
アスパラギン酸が大変豊富です。
アスパラギン酸は、新陳代謝を促し、
タンパク質の合成を進めるため、
滋養強壮や疲労回復に効果があります。
生長の著しい若茎の先端部には、
アスパラギン酸の他にも、
ポリフェノールの一種であるルチンや、
有害な活性酸素を除去するグルタチオンも
豊富に含まれています。
一方、穂先ではなく基部には、脂肪の吸収抑制、
血流の促進、
ガン細胞の増殖阻止といった作用を持つ
プロトディオシンという成分が含まれています。

Plus One dish!
〜アスパラベーコン〜
1. アスパラとベーコンを切る。
2. オリーブオイル、塩、コショウでいためる。
good!!

アスパラギン酸
ルチン
グルタチオン

疲労回復にはアスパラギン♡

アスパラをそのまま育てると、こーんな風になるんです☆
まるで森のよう…。

Broccoli

〈 ブロッコリー 〉

ブロッコリーは、花芽が生長してつぼみになった部分を食べる珍しい野菜です。
冷涼な気候を好むため、本州では主として冬に栽培されていますが、
冷涼な北海道では、夏が生産の最盛期です。
野菜の中でもブロッコリーはビタミンCが特に多く、
抗酸化作用の高いビタミンEも豊富なことから、
夏バテ気味の疲れた身体にはうれしい野菜です。
また、細胞や赤血球の生産や再生を助ける葉酸も豊富に含まれており、
体の発育を促してくれます。新鮮なブロッコリーは、つぼみが比較的小さく、
こんもりと盛り上がって重量感があります。
つぼみの部分を食すブロッコリーですが、
茎にも同じくらいの栄養素が含まれていますので、
こちらもしっかり活用しましょう。

Plus One dish!
〜ゆでブロッコリー〜
1. ブロッコリーを切ってゆでる。
2. マヨネーズをつける。
good!!

ビタミンC
ビタミンE
葉酸
茎まで栄養たっぷりチューン
夏バテにはブロッコリーキュン ♡
BROCCOLI

Spinach

〈 ほうれんそう 〉

緑黄色野菜の代表といえば、ほうれんそうです。

ほうれんそうには、皮膚や粘膜の健康維持を助けるビタミンA、

抗酸化作用の高いビタミンC、

細胞や赤血球の生産や再生を助ける葉酸が豊富に含まれています。

ビタミンAや葉酸は、体の発育の促進にも関わっています。

このほかにも、マグネシウム、鉄、銅などのミネラルも多く含まれています。

北海道は気候が冷涼なことから、夏場の主産地となっています。

また、冬に寒さに当てて栽培する「寒締めほうれんそう」は、

細胞内に糖分をため込むため甘くなり、ビタミンCの含有量も高くなります。

Plus One dish!
〜ほうれん草のおひたし〜
1. ほうれん草をゆでる。
2. めんつゆ、かつおぶしをかける。

栄養いっぱい びっくりキュン ♡

時には自分にひたるキュン

マグネシウム
ビタミンA
ビタミンC
葉酸
鉄
銅

Chinese Chive

〈 にら 〉

栄養豊富でスタミナを高めてくれる
緑黄色野菜といえばにらです。
皮膚や粘膜の健康維持を助けるビタミンA、
体内の脂質の酸化を防いで
生活習慣病や老化を防止するビタミンE
細胞や赤血球の生産や再生を助ける
葉酸が豊富に含まれています。
にらには独特の強いにおいがありますが、
その原因となる成分がアリシンです。
アリシンにはビタミンB_1の吸収を高める効果があり
食物から摂取した糖質を効率よくエネルギーに変換し、
疲労回復を早めてくれます。
北海道のにらは、
初冬の一時期を除いて、
ほぼ一年中出荷されていますが、
2月に出てくる「一番にら」は、
柔らかく甘みが強いのが特徴です。

Plus One dish!
～にらたま～

1. にらを切り、卵と一緒にフライパンで焼く。
2. 水、だし、さとう、しょうゆ、かたくりを火にかけあんをつくる。

Cabbage

〈 キャベツ 〉

キャベツは、寒さに当たると甘みが増すといわれています。
寒い季節に旬を迎える冬野菜は、寒さから身を守るために、
光合成によって作られた糖分を葉や根に蓄積し、凍りつくのを防ごうとします。
そのため、寒い時期に収穫期を迎える野菜は、糖分が高くなっているのです。
冬キャベツは、糖分が増えるのと同時に、ビタミンＣの含有量も多くなっています。
また、新陳代謝を高める葉酸も豊富です。
寒い冬には鍋で食べるキャベツは美味しいものです。
ただし、ビタミンＣや葉酸は熱に弱い成分ですので、
なるべく短時間で調理すると良いでしょう。

Plus One dish!
～パリパリ キャベツ～
1. キャベツを手でちぎる。
2. ゴマ油、ゴマ、しおを入れ
3. 全体にあえる。

ビタミンC
葉酸

生でたべると
ビタミンC
いっぱいとれるキュン ♡

CABBAGE

キャベツ畑

Onion

〈 たまねぎ 〉

たまねぎの調理には涙がつきものです。

どうして、たまねぎを切ると涙が出るのでしょうか。

たまねぎの細胞の中にあるアリインという成分が、

切られることによりアリシンという成分に変化します。

辛味成分であるアリシンは揮発性なので、

目の粘膜を刺激して催涙作用をもたらすのです。

アリシンには、発汗などの代謝促進効果や、

抗菌作用などの効果があります。

また、ビタミン B_1 と結合してアリチミンという成分になり、

疲労回復にも効果を発揮します。

さらに、たまねぎに含まれるケルセチンという成分は

抗酸化力が強く、

生活習慣病の予防の面からも大変期待されています。

血圧の上昇抑制や、

動脈硬化の原因となる悪玉コレステロールを低下させる効果もあります。

どのような料理にでも活躍するたまねぎですが、

中玉であれば一日に四分の一個程度で、

その効果が期待できます。

Plus One dish!
〜オニオンスープ〜
1. たまねぎをスライスする。
2. なべに水、コンソメ、たまねぎ
   コトコト火にかけ、
   塩、コショウする。

アリイン
ケルセチン
一日1/4コでOKキュン
抗酸化力が
つよいキュン♡

タマネギの苗。
大切に育てられ
ていく…♡

Lily Bulb

〈 ゆりね 〉

白いりん片がバラの花のような形に重なり合ったゆりね。

関東や関西では高級食材として扱われていますが、

そのほとんどは北海道で生産されています。

ゆりねにはでん粉質が多く含まれているため、

ゆでたり蒸したりすると、

ほくほくとした食感と上品な甘さが感じられます。

ゆりねに特徴的な成分としては葉酸があります。

葉酸は胎児の正常な発育に必要な成分で、

細胞や赤血球の生産を助けます。

また、骨や赤血球の形成を助ける銅や、

食物繊維も豊富なため、

妊娠中のお母さんにとって、

ゆりねは是非とも食べてもらいたい食材です。

Plus One dish!
～ゆりね 蒸し～
1. よく洗ったゆりねを蒸す。
2. 塩をふる。

Hoku Hoku

葉酸
銅
食物繊維

Lily Bulb

銅は骨や赤血球をたすけるキミン♡

なんて…
5年もかけて、大切に育てられるよ

Tomato

〈 トマト 〉

数ある野菜の中でも、世界で最も多く食べられている野菜といえばトマトです。
太陽の光を燦々と浴びて育った夏のトマトでは、
温室育ちの冬のトマトに比べ、ビタミンCの含有量が多く、
夏バテ防止や美容にも効果を発揮します。
トマトに含まれる赤い色素はリコピンと呼ばれる成分で、
高い抗酸化作用があります。しかし、生のトマトを食べただけでは、
リコピンは身体にあまり吸収されません。
加熱することにより、吸収されやすい形に変化するのです。
また、リコピンは油と一緒に摂ることによって身体への吸収が高まります。
オリーブオイルを使って加熱調理するイタリア料理などは、
リコピンの利用効率を高める食べ方といえます。

Plus One dish!
〜カプレーゼ〜
1. トマトとモッツァレラチーズを切る。
2. オリーブオイル、バジル、塩コショウをかける。

ビタミンC
リコピン

夏バテ防止や美容に良いキュン♡

TOMATO

トマトはビニールハウスでこうやって育てられます

Sweet Corn

〈 スイートコーン 〉

北海道の夏の味覚に欠かせないのがスイートコーンです。
スイートコーンは、とうもろこしの中でも
「未熟とうもろこし」と呼ばれる種類で、
生育の途中で収穫される野菜です。
スイートコーンは名前のとおり、
糖分が多く含まれており、
スイート種は主として缶詰用、
スーパースイート種やウルトラスーパースイート種は
青果用として出回っています。
スイートコーンの栄養成分で、
意外と多く含まれているのは、
赤血球の形成や体の発育を助けてくれる葉酸です。
中くらいの大きさのスイートコーン１本で、
１日に必要な葉酸の約半分を摂ることができます。

Plus One dish!
〜やきもろこし〜
1. ゆでた とうもろこしを、
しょうゆを つけながら
焼く。

\ Love it /

糖分
葉酸

スイートコーン 一本で
一日に必要な
葉酸とれるキミ♡

" CORN "

とうもろこしの 畑

Squash

〈 かぼちゃ 〉

ほくほくして甘みのあるでん粉質のかぼちゃですが、
ビタミン類が大変豊富な野菜です。
皮膚や粘膜の健康や
夜間の視力の維持を助けるビタミンA、
抗酸化作用の高いビタミンEや
ビタミンCが多く含まれています。
北海道で主に栽培されているかぼちゃは
「西洋かぼちゃ」で、
明治時代にアメリカから導入されたものです。
一方、「日本かぼちゃ」は、
16世紀にカンボジアから日本に入ってきたものです。
他にも「ペポかぼちゃ」という種類があり、
ハロウィンで使われる
オレンジ色のかぼちゃ、
種が食用に使われるかぼちゃ、
さらにズッキーニもこのかぼちゃの仲間です。

Plus One dish!
〜ふかしかぼちゃ〜
1. かぼちゃを切る。
2. かぼちゃを蒸す。
3. 塩などをふる。
good!

ビタミンA
ビタミンE
ビタミンC

カボチャはビタミンいっぱいキミン♡

おーきくなりたいな

Radish

〈 だいこん 〉

おでんなどの鍋料理に欠かせないのがだいこんです。

だいこんは本来、冬野菜ですが、

冷涼な気候の北海道では、夏だいこんを主体に栽培しています。

だいこんには、抗酸化作用のあるビタミンＣを始め、

赤血球の形成を助ける葉酸や、

ジアスターゼと呼ばれる消化酵素が多く含まれています。

ジアスターゼは、でん粉を分解する酵素で、

胃腸の働きを助け、

食欲を増進させ、消化不良を解消します。

辛味成分はイソチオシアネートと呼ばれるもので、

殺菌や抗炎症作用があり、

さわやかな辛みにより食欲を増進させる効果もあります。

この成分は、だいこんの部位によって含まれる量が異なり、

先端に行くほど多くなります。

このため、だいこんおろしにするには、

先端部分を使うと辛味が増して良いでしょう。

Plus One dish!
〜ふろふき大根〜

1. こんぶ入りの水で大根をゆでる。
2. みそ、さとう、さけであわせみそをつくる。

- ビタミンC
- 葉酸
- ジアスターゼ
- イソチオシアネート

おでんのだいこんすきキュン

胃腸のはたらきたすけるキュン♡

RADISH

ビニールのトンネルや ビニールシートで寒さから守るよ

Carrot

〈 にんじん 〉

にんじんは、緑黄色野菜の中でも
β-カロテンや
ビタミンAの含有量が最も多い野菜です。
β-カロテンは、
強力な抗酸化作用を持つ
カロテノイド色素の一種で、
体内ではビタミンAの作用をするとともに、
免疫を増強する働きがあります。
ビタミンAは、皮膚・粘膜の健康や
夜間の視力の維持に関わっています。
にんじん約50gを食べることで、
1日に必要なビタミンAを摂取することができます。
β-カロテンやビタミンAは脂溶性の成分なので、
調理法によっても
身体への吸収率が大きく異なってきます。
効率よく摂取するためには、
油を使った調理法がおすすめです。

Plus One dish!
〜 カレーライス 〜
1. にんじん、じゃがいも、玉ネギと肉をいため、水を加え煮込む。
2. カレールゥを入れ煮込む。

一日50gで一日に必要なビタミンAがとれる

ビタミンA
β-カロテン
うれしいキュン！
キューン

はっぱが小さいうちにトラクターで土をよせて、除草をしてあげます♡

43

Japanese Yam

〈 ながいも 〉

ながいもをすりおろしたとろろは、
口の周りなどに付くと、
どうしてかゆくなるのでしょうか？
ながいもの細胞の中にはシュウ酸という成分が含まれていて、
すりおろすことにより細胞の外に出てきて、
細く尖った結晶になります。
このシュウ酸の結晶が肌に突き刺さり、
チカチカしたり、かゆくなるのです。
とろろのネバネバの中には、
体に良い成分もたくさん含まれています。
ながいものネバネバはムチンという粘性物質で、
タンパク質と多糖類が結合したものです。
ムチンは胃や気管、鼻などの粘膜を保護してくれるため、
胃潰瘍や胃炎の予防や改善、
インフルエンザなど感染症の予防にも
効果があるといわれています

Plus One dish!
〜とろろいも〜

1. ながいもの皮をむき、すりおろす。
2. しょうゆなどをかける。

= delicious ♡

シュウ酸

ネバネバすごいキュン

胃炎やインフルエンザの予防に良いキュン ♡

ムチン

J.YAM

長いもの葉っぱはみどりのカーテンのように、きれいに並べられます

Burdock

〈 ごぼう 〉

ごぼうには、食物繊維の他に、赤血球の形成や身体の発育を助ける葉酸や、
骨の形成を助ける銅が豊富に含まれています。
ごぼうを切ると黒褐色に変色しますが、
この原因は、ポリフェノールの一種であるクロロゲン酸という成分が、
空気に触れることにより黒褐色の物質に変化するためです。
クロロゲン酸は抗酸化力が強く、
美白効果もあるといわれています。
ごぼうの皮の下数ミリメートルの部分にクロロゲン酸は多いため、
ごぼうを調理するときには、
皮はむかずに包丁の背などで皮の表面を薄くこそげ取るか、
タワシで擦り洗いする程度にとどめた方が良いでしょう。
また、長時間水にさらすと、
大切な抗酸化成分や独特の香り成分が水に溶け出し、
ごぼう本来のおいしさが減ってしまいます。

Plus One dish!
〜きんぴらごぼう〜
1. ごぼう、にんじんを切る。
2. ごま油でいためる。
3. しょうゆ、みりんをからめる。
good!!

クロロゲン酸
食物繊維
銅
葉酸
ゴボウは美白にもいいキュン♡
BURDOCK

ゴボウの火田・・

Potato

〈 じゃがいも 〉

じゃがいもには用途に応じた専用の品種があります。
普段、スーパーなどの店頭で見かけるものは、
そのまま料理に使われる生食用の品種です。
その他には、ポテトチップスなどに使われる加工用品種、
片栗粉などとして使われるでん粉原料用品種があります。
これらを合わせると、北海道で栽培されている品種は50を超えます。
フランスでは「大地のリンゴ」とも呼ばれるじゃがいも、
ビタミンCはリンゴの8倍もあり、加熱しても壊れずに摂取できます。
さらに意外なことにカロリーはお米の半分しかありません。
いろいろな料理にじゃがいもを活用しましょう。

Plus One dish!
〜じゃがバター〜
1. じゃがいもを蒸す。
2. バター、塩をのせる。
delicious!!

ビタミンC
でんぷん
ビタミンCはりんごの8倍もあるんだキュン

じゃがいもの花

Soybean

〈 だいず 〉

だいずの栄養成分で、最も多く含まれているのはタンパク質です。
その含有率は約35％と豆類の中でも最も高く、畑の肉といわれる所以です。
脂質も20％程度含まれており、このため海外では油糧作物として扱われ、
サラダオイルの原料として使われています。
だいずには様々な生理活性物質が含まれていますが、その中でも、
更年期障害の症状軽減や骨粗しょう症の
予防効果のあるイソフラボンが注目を浴びています。
イソフラボンは、女性ホルモンのエストロゲンと構造が似ており、
私たちの体の中ではエストロゲンと似たような働きをすることが知られています。
低い気温で成熟しただいずほどイソフラボンは多くなるため、
北海道産のだいずは他産地のものよりもイソフラボン含有率が高い傾向にあります。

Plus One dish!
〜きなこもち〜
1. もちをゆでる。
2. きなことさとうをまぶす。
delicious!!

タンパク質

脂質

イソフラボン

畑の肉と言われているキミ♡

大豆の花は白くて小さいよ

Adzuki Bean

〈 あずき 〉

あずきといえば和菓子です。

「あんは甘いから太る」と考えていませんか。

しかし、こしあんはショートケーキの約半分のカロリーしかありません。

さらに、あずきには 100g 中に 17.8g と

ゴボウの 3 倍もの食物繊維が含まれています。

メタボリックシンドロームにつながる生活習慣病や、

さらには老化やガンなどを引き起こす要因ともいわれるのが活性酸素です。

あずきにはこの活性酸素を消去する成分、

ポリフェノールが赤ワインの 1.5 〜 2 倍も含まれています。

日本のあずきの 9 割以上は北海道で生産されており、

その機能性は世界トップともいわれます。

日本人の健康と長寿には、

あずきの持っている優れた機能性が役立っているのです。

Plus One dish!
〜おはぎ〜

1. もち米を炊く。
2. すりつぶして、スプーンですくう。
3. あんでつつむ。

〜delicious♡！

ポリフェノール
食物繊維

赤ワインの1.5倍もポリフェノールキュン♡

あずきの花は
きいろいよ♡

Rice

〈 お米 〉

「ゆめぴりか」、
「ななつぼし」、
「ふっくりんこ」など、
北海道のお米は食味と価格の両面から人気があります。
適度な粘りと柔らかさがあり、ほんのりと甘味が感じられ、
炊きたての香りのするご飯。
この粘りと柔らかさに関係しているのが、
お米に含まれているでん粉中のアミロースの割合とタンパク質の量です。
お米のタンパク質は6〜8%、
アミロースの割合は17〜23%程度ですが、
銘柄米ではこれが下限値に近い所にあります。
しかし、これらの値は品種だけではなく、
栽培地の土壌や気象条件によっても変わるので、
同じ品種でも産地や天候によっても味に違いが出るのです。
用途によっては必ずしも銘柄米が適しているとは限りません。
その日のメニューによって、
お米の種類も変えてみてはいかがでしょうか。
新しい発見があるかも知れません。

Plus One dish!
〜おにぎり〜
1. 炊いたごはんを、塩をつけ、三角ににぎる。
2. のりやゴマをつける。

タンパク質
アミロース
北海道のお米とってもおいしい
キュン

コメの開花

Wheat

〈 小麦 〉

小麦は栽培する季節によって、
秋まき小麦と春まき小麦に分けられます。
また、粒の硬さによる分類もあります。
小麦粉は、含まれているタンパク質の量によって、
薄力粉、中力粉、強力粉に分類され、
それぞれに合った用途があります。
北海道では主に、うどん用とパン用の小麦が作られています。
では、うどん用とパン用の小麦ではどこが違うのでしょうか。
一番重要な点は、タンパク質の量と質です。
小麦粉特有の弾力性と粘着性には、
グルテンと呼ばれるタンパク質が関わっています。
うどんや中華麺の歯ごたえも、グルテンの働きによるものです。
ふっくらとした柔らかいパンを焼き上げるには、
このグルテンの量がとても大切になります。

Plus One dish!
～ハチミツトースト～
1. パンを焼く。
2. バターと、たっぷりのハチミツをかける。
good!

タンパク質

でんぷん

大切なエネルギー源
キュン♡

しゅうかく中です…♡

Milk

〈 牛乳 〉

北海道は生乳の生産量が全国の約半分を占める酪農王国です。
牛乳はカルシウムに富み、他の食品と比べその吸収率も高く、
カルシウムの供給源として優れた飲料です。
また、牛乳に含まれる乳タンパク質には、
カゼインとホエイプロテイン（乳清タンパク質）という2種類があり、
特にホエイプロテインは体内への吸収が速く、
運動直後の筋肉の回復に最適とされています。
牛乳を飲むとお腹がゴロゴロとする人には、
ヨーグルトがお勧めです。
乳酸菌の働きにより乳糖が分解されているため、
このような症状は起きにくいのです。
ヨーグルトは腸内細菌のバランスを改善し、
免疫力を高める作用もあります。
ブルガリアでは「効き目の弱い薬」とも呼ばれ、
健康維持には欠かせない食品です。

Plus One dish!
〜ホットミルク〜
1. 牛乳をあたためる。
2. さとうを入れる。

カルシウム

ホエイプロテイン

ヨーグルトは、プラス乳酸菌でいいキュン♡

もー　もー　もー

Hokkaido Tourism PR Character
北海道観光PRキャラクター「キュンちゃん」

この本のナビゲーターを
務めてくれたのは、
北海道観光PRキャラクターの
「キュンちゃん」。
キュンちゃんは、北海道の大雪山に
住んでいた「エゾナキウサギ」。
色々な、かぶり物をして、
北海道の各地を旅しながら、
その魅力を伝えています。

キュンちゃんの部屋

https://www.facebook.com/kyunchan/

https://twitter.com/kyunchan_dc

Hokkaido Souvenir kyun-chan
北海道おみやげキュンちゃん

キュンちゃんは、マスコットキーチェーンや
ボールペンのほか、おいしいサブレや
入浴剤にもなっているキュン。
北海道に探しに来てキュン！

めげちゃう
キュン♡

キュンちゃんグッズの詳細はキュンちゃんの部屋で紹介中☆
北海道観光の詳細は、こちらのページを検索してみてください☆
北海道観光公式サイト「Good Day 北海道」http://www.visit-hokkaido.jp/

左上　キュンちゃんラーメン

右上　コインパース

左中央　ロールボールペン・シャープペン

右中央　キュンと幸せ〜入浴剤

右中央　キュンちゃんサブレ

右下　クリアファイル

左ページ&右中央　マスコットキーチェーン(脱げちゃうキュンちゃん)

63

加藤　淳（かとうじゅん）
農学博士。
北海道立中央農業試験場、北海道立十勝農業試験場、オーストラリア・クイーンズランド大学などで、野菜・豆類・穀物の品質、加工適性、機能性などについて研究。現在は、北海道立総合研究機構　道南農業試験場　場長。
国内外における講演や、書籍の出版、各種メディア出演などを通し、食育活動や企業向けの技術支援などに幅広く取組んでいる。
主な著書に、『小豆の力』（キクロス出版）、『あずき博士が教える「あずき」のチカラはこんなにすごい！』（KK ロングセラーズ）、『日本食およびその素材の健康機能性開発』（シーエムシー出版・共著）などがある。

そら
北海道を拠点として活動する、絵本作家、イラストレーター。
ぬいぐるみ絵本やキャラクター開発なども手がける。
またギター生演奏の絵本読み聞かせイベントや、ライブペイントイベントも開催し作家としてラジオやテレビの出演講演なども行っている。
主な代表作に、JR 北海道 IC カード Kitaca キャラクター「エゾモモンガ」や、北海道観光 PR キャラクター「キュンちゃん」などがある。
https://www.sora-office.com

写真協力先
(公社)北海道観光振興機構
東洋印刷株式会社
NPO 法人留萌観光協会
美瑛町役場経済文化振興課
豊頃町観光協会
ようてい農業協同組合
高木農園（京極町）

おいしい北海道やさい

2018年8月1日　初版発行

著者　加藤　淳・そら
発行　株式会社 キクロス出版
　　　〒112-0012　東京都文京区大塚6-37-17-401
　　　TEL. 03-3945-4148　FAX. 03-3945-4149
発売　株式会社 星雲社
　　　〒112-0005　東京都文京区水道1-3-30
　　　TEL. 03-3868-3275　FAX. 03-3868-6588
印刷・製本　株式会社 厚徳社
プロデューサー　山口晴之　デザイン　そら
協力　(公社)北海道観光振興機構
Ⓒ Jun Kato・Sora　2018 Printed in Japan
定価はカバーに表示してあります。　　乱丁・落丁はお取り替えします。

ISBN978-4-434-24975-4　C0077